Conception graphique : Frédéric Célestin

ISBN : 2-84146-969-7
Loi n° 49.956 de juillet 1949 sur les publications destinées à la jeunesse.

« L'homme au-delà d'un pont ne connaissait plus l'homme »
Victor Hugo, *La légende des siècles*, 1883

Petites histoires des hommes

Collection conçue par Françoise Mateu

Je remercie chaleureusement
M. Jean-Claude Rivierre, linguiste,
directeur de recherche au CNRS,
qui a bien voulu me faire part
de son expérience sur le terrain,
et a eu la gentillesse de relire
l'ensemble du manuscrit.

Petite histoire des *langues*

Sylvie Baussier

Illustrations de May Angeli

SYROS
jeunesse

Sommaire

Tu parles...

Tu parles, tu bavardes, tu causes, tu tchatches ; ta bouche produit des sons, ces sons produisent du sens. En face de toi, quelqu'un comprend ce que tu dis : il a appris la même langue, dialecte, parler ou patois que toi, qu'il entend avec ses oreilles, et décode avec son cerveau. Il existe environ cinq mille langues parlées dans le monde. Dans chacune, à chaque instant, ce petit miracle se produit : une personne s'exprime, une autre la comprend. Comment cela est-il possible ? Et pourquoi ne parlons-nous pas tous anglais, ou tous français ? Voici de petites histoires pour entrer dans les confidences de ces langues sans lesquelles nous autres, humains, serions bien obligés de japper ou de barrir...

Guten Tag

こんにちわ

नमस्ते

Buenos días

Salve

नमस्ते

Доброе утро

Goddag

Καλημέρα

你好

Good morning

Bom dia

صباح الخير.

Buongiorno

Paroles d

hommes

La parole a créé le monde

Dans de nombreux récits de création, la parole est toute-puissante, et serait même à l'origine du monde...

DANS LA GENÈSE, premier livre biblique, Dieu utilise la parole pour créer toutes choses.
Le Coran reprend en quelques phrases ce récit de création.
La religion des hindous n'a rien à voir avec le judaïsme et le christianisme. Pourtant, dans l'un de ses récits de création, on retrouve la puissance de la parole. Au tout début, partout, il n'y avait que de l'eau. Sur cette eau flottait un œuf d'or. Un jour, cet œuf éclôt. Il en sort le dieu Prajapati. Prajapati, voyant qu'il est entouré d'eau, décide de créer le monde. Il nomme la terre, le ciel, les arbres, les animaux, les autres dieux, et chaque chose apparaît dès que son nom est prononcé.

AU SOUDAN, il était une fois un village qui n'avait pas de nom. Or ce qui n'a pas de nom ne vit pas. Aussi, aucun enfant n'y naissait jamais. Un jour, une jeune femme s'en alla dans la forêt pour cueillir des fruits. Son attention fut attirée par le chant d'un oiseau perché dans un arbre.
– Comment t'appelles-tu ? demanda-t-elle à l'oiseau, car elle n'avait jamais entendu une si douce voix.
– Pourquoi veux-tu le savoir ? demanda l'oiseau.
– Pour le répéter aux gens de mon village !
– Et comment se nomme ton village ?
– Il n'a pas de nom...
– Alors je ne te dirai pas le mien, fit l'oiseau en s'envolant.
La femme, furieuse, envoya une pierre à l'oiseau, qui tomba mort. Désolée, elle ramena le petit corps au village. « C'est interdit de tuer cet oiseau-là, il est sacré, lui dirent les villageois. C'est un morikonini. »
Alors la femme déclara :
« Je voudrais qu'on appelle notre village Morikonini. »
On fit ce qu'elle demandait : désormais le village avait un nom, et bientôt elle fut enceinte, de même que les autres femmes du village.

Dieu nomme les choses, aussitôt elles prennent corps : la parole est créatrice du monde.

VOICI CE QUE DIT LA BIBLE :
« Au commencement, Elohim créa les cieux et la terre. La terre était déserte et vide. Il y avait des ténèbres au-dessus de l'Abîme et l'esprit d'Elohim planait au-dessus des eaux.
Elohim dit "Qu'il y ait de la lumière !" et il y eut de la lumière ». Il créa ainsi, par le seul fait de les nommer, le jour et la nuit, le ciel et les mers, les herbes et les arbres, la Lune et le Soleil. Puis, au cinquième jour de sa création, Dieu ajouta : « Que la terre fasse sortir des animaux vivants selon leur espèce : bestiaux, reptiles, bêtes sauvages, selon leur espèce ! » Et c'est ce qui arriva. Enfin, il créa l'homme à son image avant de se reposer au septième jour, satisfait de son ouvrage.

La parole peut guérir...

...que ce soit par
la psychanalyse,
la confidence
ou l'art de l'écriture...

Les pouvoirs de la parole sont au cœur de l'acte le plus ancien, celui de la création. Ils ne se sont pas émoussés depuis, même s'ils ont changé de nature...

– Bonjour, docteur.

– Bonjour, madame, entrez, je vous en prie.

Le médecin referme soigneusement la porte du cabinet médical, tandis que la dame s'allonge sur un divan ; il s'assied derrière elle, un carnet de notes sur les genoux. Comment, pas de stéthoscope, pas de « tirez la langue et dites ah », pas de vérification des réflexes ? Non, la dame s'allonge, simplement. Elle reste un moment silencieuse. Le docteur ne dit rien non plus. Puis la dame commence à raconter un moment de son enfance ou un événement de sa vie présente, ou bien un rêve qu'elle a fait... Elle dit quelques mots, puis en enchaîne d'autres qui sont venus par association aux premiers et, de silences en reprises, elle se laisse emporter à parler, parler. Le médecin prend des notes, relance parfois d'un mot. Il écoute attentivement et, au fil des séances, propose ses interprétations.

Ce médecin est psychiatre. La dame effectue avec lui une psychanalyse. Elle vient régulièrement, car elle éprouve une grande souffrance intérieure. Parfois le psychanalyste n'est pas médecin, parfois le patient s'assied en face de son thérapeute au lieu de s'allonger, mais le principe est toujours le même : mettre au jour les ressorts profonds, inconscients, d'une difficulté à vivre.

C'est Sigmund Freud, médecin autrichien, qui a inventé cette discipline scientifique à la fin du XIXe siècle.

La parole est donc capable de guérir un être humain de ses troubles, en lui rendant la capacité d'agir par lui-même, de diriger sa vie. À une condition : que patient et médecin parlent la même langue, car les lapsus, les jeux de mots, toutes les subtilités d'une langue qu'on possède depuis sa plus tendre enfance sont porteurs d'un sens à déchiffrer.

« Tous les chagrins sont supportables,
si l'on raconte une histoire pour les dire. »

Hannah Arendt

Une langue c'est quoi ?

Le ciel est immense, pourtant il tient dans un mot tout petit... Alors parler au fond ça consiste en quoi ?

LE MOT « CHIEN » n'aboie pas. Parce que le mot « chien » est un signe. Il fait partie de la langue. Si tu le prononces grâce à ta voix ou si tu l'écris, c'est pour signifier que tu veux désigner un animal domestique à quatre pattes qui fait « ouah ». Mais ce concept d'un « animal domestique à quatre pattes qui fait ouah » n'a aucun rapport avec le son « chien », pas plus qu'avec le son « *dog* » de l'anglais ou le son « *Hund* » de l'allemand. Ou plutôt il a un rapport arbitraire avec lui, c'est-à-dire un rapport de convention. On aurait pu avoir en français le son « groumph » au lieu de « chien », pourquoi pas ?

CES SIGNES QUE SONT LES MOTS existent en nombre fini dans une langue donnée. Il est difficile de les connaître tous, parce qu'il y en a plusieurs dizaines de milliers – les mots spécialisés des métiers, les argots, les mots anciens et les nouveaux... – mais théoriquement c'est possible. Chaque mot inclut des unités plus petites, elles aussi en nombre fini, qui permettent de les distinguer entre eux : les phonèmes. Par exemple, qu'est-ce qui fait que tu ne confonds pas « rue » et « mue », « culminer » et « fulminer » ? C'est un petit phonème, un son représenté par une seule lettre ! Les unités qu'on appelle les mots doivent être agencées selon les

Le concept d'« animal domestique à quatre pattes qui fait ouah » recouvre une infinité d'animaux réels ou imaginaires...

règles de la syntaxe. Tu peux dire « L'enfant a une moustache de sauce tomate », mais tu ne peux pas dire « Tomate sauce de moustache l'enfant a une ». Tu utilises les mots par rapport au système auquel ils appartiennent, et dans un registre de langue familier ou soutenu selon l'interlocuteur : « Il est stupide » s'oppose à « intelligent », et c'est plus poli que d'autres adjectifs qui te viennent à l'esprit !

UNE FOIS QUE TU POSSÈDES CES OUTILS (des phonèmes, des mots, des règles de syntaxe), tu peux produire une infinité de discours différents ! Ni toi ni personne n'arriverez jamais à épuiser les ressources de la langue. Chaque phrase que tu prononces est une création, et tu en es l'inventeur.

Au Chili. Le modeste facteur Mario Jimenez a pour unique client le grand poète Pablo Neruda. Il s'interroge : qu'est-ce qu'une métaphore ? Neruda lui répond :
– Eh bien, quand tu dis que le ciel pleure : qu'est-ce que tu veux exprimer ?
– C'est facile ! Qu'il pleut, voyons !
– Eh bien, c'est ça, une métaphore.
– Et pourquoi, si c'est une chose tellement facile, on emploie un nom si compliqué ?
– Parce que les noms n'ont rien à voir avec la simplicité ou la complexité des choses. Avec ta théorie, une petite chose qui vole ne devrait pas avoir un nom aussi long que papillon. Pense qu'éléphant a le même nombre de lettres que papillon et pourtant c'est beaucoup plus grand et ça ne vole pas, conclut le poète [...].

Antonio Skarmeta, *Une ardente patience*, Seuil, 1987.

le caniche nain de ta voisine, le molosse à muselière vu à la télévision, un dessin dans un livre d'enfant...

La magie des mots

> **Les mots sont comme des baguettes magiques, capables d'agir à distance sur les gens...**

Tu te promènes dans une ville française où tu viens pour la première fois. Même si tu ne connais pas les rues, tu peux en lire le nom ; même si tu découvres les boutiques, tu sais ce qu'on y vend en déchiffrant leurs enseignes. Si tu adresses la parole à des passants, vous vous comprenez. Si tu voyageais à Québec, ou au Sénégal, ton impression d'étrangeté serait sans doute plus grande, mais là aussi tu saurais comprendre et te faire comprendre, malgré des accents et des mots différents. Ta langue est ton territoire, une partie de ton identité. Elle marque ton appartenance à une société.

Mais quel français parles-tu ? L'école enseigne à tous les enfants le bon usage : ne pas faire de fautes de syntaxe, par exemple. En effet, on ne parle pas une langue comme on veut. Il existe une norme qui définit « ce qui est juste » et « ce qui est faux ». Les règles apprises à l'école sont-elles mises en pratique à la maison ? Cela dépend. Pour certaines familles, il est important de parler correctement, parce que cela marque l'appartenance à un groupe social prestigieux, cultivé. Pour certains adultes, cela passe même avant tout. « Maman, je m'ai fait mal », se plaint un enfant. « Je me suis fait mal », corrige la mère tout en saisissant les pansements. Au contraire, d'autres enfants vont découvrir un écart entre la langue utilisée à la maison et celle qu'on leur enseigne à l'école, et ils peuvent en souffrir. Un père qui dit parfois « merde » et qui sait manier un français académique donne à ses enfants une assurance linguistique qui les aidera à se sentir à l'aise partout. Comme d'autres codes, la langue te sert donc à trouver une place dans le groupe.

La langue a aussi bien d'autres usages, pour ton compte personnel. Elle te sert à exprimer tes sentiments, à parler de ce qui t'entoure, ou même de ce qui n'est pas là (la préhistoire, l'avenir, un pays lointain…). En parlant, tu peux aussi attirer l'attention de quelqu'un : il te suffit de crier « Hep Julien, attends-moi ! » pour que Julien se retourne et, t'ayant reconnu, s'arrête. La parole te permet d'intervenir sur les gens à distance. Tu peux, par exemple, te sortir d'une situation délicate en faisant une promesse que tu ne tiendras peut-être pas ou, mieux encore, par elle tu peux agir.

La langue marque ton appartenance à *une société.*

Les touristes qui rencontrent des compatriotes à l'étranger échangent leurs impressions, plaisantent, comme s'ils posaient un instant leurs valises.

Les sens des silences

Lorsque tu parles ta langue, tu la ponctues de silences.

Parfois, tu sais très bien ce qu'ils veulent dire. Si tu fixes le sol d'un air appliqué alors qu'un adulte te somme de lui répondre, tu t'affrontes à lui. Si tu restes sans voix à l'annonce d'une grande nouvelle, ce silence dira étonnement et joie. Mais il est aussi d'autres silences, qui nous sont si naturels que nous ne les entendons pas. Tout petits, ils se glissent dans une conversation, entre deux tours de parole : car, avant de parler, tu t'assures que l'autre a bien terminé et ne souhaite rien ajouter. C'est une façon de le reconnaître comme un interlocuteur valable.

Or la longueur conventionnelle de ce silence n'est pas la même dans toutes les cultures : là commencent les ennuis. Imagine un Américain qui parle très bien le français et débarque dans l'hexagone. Il pense qu'il n'aura aucun problème pour communiquer. Mais, quand il bavarde avec ses amis français, il ressent un malaise : il n'a pas le temps d'ouvrir la bouche que quelqu'un d'autre a déjà pris la parole. C'est qu'aux États-Unis, la pause respectée entre deux tours de parole est d'environ cinq dixièmes de seconde, contre trois dixièmes en France. L'Américain attend donc, pour que la personne précédente n'ait pas l'impression d'être interrompue… mais comme les Français n'ont pas la même notion des conventions, il lui est difficile de trouver sa place !

Enfin, tu ne t'exprimes pas que par la parole et ses silences. Tes gestes, tes expressions, les positions de ton corps constituent des signes, des façons de communiquer avec les autres.
Il existe des codes pour se comprendre, des sortes de langages qui, sans être aussi complexes que des langues, sont indispensables lorsqu'on ne s'entend pas. Par exemple, un automobiliste qu'un autre laisse gentiment passer alors qu'il a la priorité fait un geste de la main, pour le remercier.

« Nous restions silencieux pour lui marquer une désapprobation qui ne pouvait être… qu'indirecte et muette. »

André Maurois

Un lien entre Dieu et les hommes

Les hommes se parlent les uns aux autres. Mais certains ont aussi des interlocuteurs invisibles : un dieu, des dieux, ou encore Dieu tout court.

Les juifs, les chrétiens et les musulmans croient en un seul Dieu : ils sont monothéistes. Leurs prières expriment d'abord leur croyance en ce Dieu unique, inconnaissable et infini.
Les juifs récitent en hébreu le *Shema Israël* : « Écoute Israël, l'Éternel est notre Dieu, l'Éternel est Un; tu aimeras l'Éternel ton Dieu de tout ton cœur, de toute ton âme et de toute ta force. »
Les chrétiens s'adressent à Dieu chacun dans sa langue, polonais, français, grec, anglais... « Notre Père qui êtes aux cieux, donnez-nous aujourd'hui notre pain quotidien... »
Les musulmans proclament en arabe, langue sacrée du Coran, leur profession de foi : « Il n'y a de Dieu que Dieu et Mohamed est son prophète. »

Dieu, selon la tradition, parle lui aussi, mais seulement aux individus qu'il a élus. Sur ses paroles sont fondées les trois religions révélées. Dieu donne ainsi à Moïse les Tables de la Loi « écrites du doigt de Dieu » ; à moins qu'il ne lui ait commandé « Écris ces paroles », comme l'affirme une autre version de l'histoire. Jésus, à la fois homme et divin, fils de Dieu, apporte la bonne nouvelle aux humains, en araméen ou peut-être en hébreu.

Mohamed, prophète de l'Islam, vers 610, reçoit de Dieu la révélation du Coran en arabe, langue qu'il considère donc comme sacrée : « Les peuples aiment les Arabes pour trois raisons : Je suis arabe, le Coran est écrit en arabe et la langue du paradis est l'arabe », affirme-t-il. C'est pourquoi la prière rituelle et la lecture du Coran ont toujours lieu en arabe, même lorsque cette langue n'est pas la langue maternelle des fidèles, ce qui est le cas pour quatre musulmans sur cinq.
Un dieu, des dieux ou Dieu, l'homme a toujours eu besoin de ces interlocuteurs invisibles, toutes les civilisations en témoignent.

En Amérique Centrale, un Indien maya déboise la forêt : il lui faut un nouveau champ à ensemencer. Pour que les dieux ne se fâchent pas, il prie en yucateque :

« Ô Dieu,
mon père,
ma mère,
Huitz-Hok le sacré,
le seigneur des collines et des vallons,
le seigneur de la forêt,
sois patient.
Je fais comme toujours cela a été fait.
Je te présente maintenant mon offrande… »

La musique avant toute chose

La poésie est le chant de la langue.

Chaque langue a sa musique, qui se nomme poésie. Qu'elle soit écrite ou orale, lue ou déclamée, qu'elle raconte les exploits d'un héros ou les vilenies d'un renard, qu'elle dénonce les horreurs de la guerre ou qu'elle explore de délicats sentiments, la poésie est toujours une architecture de sons. Ses sonorités, ses rythmes et ses échos font de la langue une œuvre d'art. D'ailleurs, comment traduire cette alchimie sans la trahir, ou en faire le chef-d'œuvre d'une autre langue ?

« Ce ne sont pas ses pensées, ce sont les

De Rose

Ce n'est point la pâquerette,
La marguerite, le lis,
L'œillet ny la violette,
La fleur où mon cœur j'ay mis.
J'aime entre les fleurs la rose,
Car elle porte le nom
D'une qui mon ame a close
A toute autre affection.
La rose entre les fleurétes
Gagne l'honeur et le pris :
Parféte entre les parfétes
Est la Rose qui m'a pris.

Jean-Antoine de Baïf, *Les Passe-temps*, II.

nôtres que le poète fait chanter en nous. »

Anatole France

Ta voix est ton porte-parole

Tu es un instrument de musique vivant.

Tu ouvres la bouche, ta voix en sort, sans faire d'efforts. Mais comment fais-tu pour l'émettre ?
Tu as un instrument de musique dans le corps. Il fonctionne un peu comme une trompette.

Pour parler, il te faut d'abord de l'air. Tu utilises celui de ta respiration. Quand tu inspires, tu emplis tes poumons d'air, puis, quand tu expires, cet air sort de ton corps, et, au passage, il sert de matière première à ta voix. Sur le chemin de la sortie, il passe au travers d'un passage rétréci qui s'appelle le larynx. Là, il vibre sur les « cordes vocales » (en fait ce ne sont pas des cordes, mais des sortes de plis). Cet air qui a vibré produit ta voix, mais pas forcément des paroles : quand tu ris, quand tu sanglotes, quand tu fredonnes, tu émets juste des bruits. Quand tu veux parler, tu transformes les sons à volonté dans une sorte d'atelier qui se situe un peu plus haut. Il est formé de ton palais, ta mâchoire, tes lèvres, tes dents, ta langue… C'est là que tu prononces les voyelles et que tu fais claquer ou rouler les consonnes des mots.

Il s'agit d'une sorte de savant bricolage : aucun de nos organes ne nous sert uniquement à parler, alors que, pour voir, nous nous servons seulement de nos yeux, pour entendre, seulement de nos oreilles… Notre voix utilise pour exister des organes très occupés à autre chose, et autre chose de vital : les poumons nous permettent de respirer, la bouche de manger…

Quand tu parles, tu entends ta propre voix : elle se propage jusqu'à ton oreille par l'intérieur de ton crâne, en faisant vibrer tes muscles et tes os. Cela te permet de contrôler ta voix. Comme cela, tu te rends compte que tu viens de parler trop fort ou trop bas, ou juste comme tu voulais… Les autres t'entendent aussi, et heureusement, puisqu'en général tu parles pour communiquer avec eux. Le son traverse l'air en le faisant vibrer, entre dans le pavillon de l'oreille de ton interlocuteur et chemine, *via* le tympan, jusqu'à son cerveau.

« Avant d'écrire, chaque peuple a chanté. »
Gérard de Nerval

Ton cerveau aux commandes

Il choisit les mots que tu prononces. Mieux vaut qu'il ne soit pas dérangé !

Voici une phrase simple. « Bonjour ! » Simple… mais qui implique tout un processus de pensée et d'expérience du monde : tu viens de rencontrer quelqu'un que tu connais, tu veux te montrer poli, tu choisis donc les mots de ta langue qui vont constituer le discours adapté à la situation. Ta voix n'a pas suffi pour effectuer cette opération : c'est ton cerveau qui l'a commandée.
Si tu dis « Bonjour » en t'adressant à ton cartable, on s'inquiétera pour ta santé mentale : les mots prennent sens en fonction du monde extérieur.

Imagine maintenant un homme qui souffre d'une lésion dans une partie du cerveau appelée aire de Wernicke. Cet homme n'arrête pas de parler, comme s'il se saoûlait de paroles. Mais son bavardage n'est pas compréhensible. À un médecin qui lui demande s'il peut l'interroger, il répond : « […] Oh, je ne prends pas les mots dans le bon sens pour dire, tous les barbiers ici, quand ils vous arrêtent, cela continue indéfiniment… » Dans ce genre de trouble, le malade est tout à fait capable de faire des phrases, mais il a perdu le sens des mots.

Un autre homme souffre d'une lésion au cerveau localisée dans l'aire de Broca, située dans la partie gauche du cerveau. Il comprend parfaitement ce qu'on lui dit, veut communiquer, mais a perdu les mots de la langue pour le faire. Des scientifiques montrent à ce malade la photo d'un bonhomme de neige. Celui-ci explique : « C'est froid, c'est un homme… congelé… » C'est un peu comme si la boîte où il rangeait les mots avait été abîmée.

Les Français « enferment quelques fous dans une maison pour se persuader que ceux qui sont dehors ne le sont pas. »

Montesquieu

Le cerveau fut examiné de très près par des médecins neurologues tels que Broca. En 1861, il reçoit un malade qui ne peut plus parler. Ce malade meurt bientôt, et Broca examine son cerveau. Il découvre alors que cet homme souffrait d'une lésion à un endroit du cerveau qui se nomme depuis l'aire de Broca, du nom de son découvreur. L'aire de Broca est donc un centre de production du langage.
Les maladies qui affectent les centres du cerveau spécialisés dans le langage s'appellent des aphasies.

La langue des bébés

Bien avant de savoir parler, le bébé comprend sa langue.

DANS LE VENTRE DE TA MÈRE, tu percevais déjà sa voix et, dès ta naissance, tu t'es trouvé plongé dans un bain de mots. Tu ne t'en souviens plus, tu étais si petit, pourtant tu commençais à apprendre, grâce à un programme mental très au point. Ce programme n'aurait pas suffi : un bébé à qui personne n'adresse la parole reste muré dans le silence. Mais, toi, tu as vite compris : les bruits que les gens font avec leur bouche servent à communiquer.

À LA NAISSANCE, tu n'aurais pas été capable de produire les sons de la parole, parce que ton conduit vocal (larynx, palais…) n'y était pas encore prêt. Il ressemblait plus à celui d'un singe qu'à celui d'un homme adulte. En revanche, tu t'y préparais. C'est comme si, de façon innée, tu étais équipé d'une sorte de petit ordinateur intérieur capable de décrypter tous les éléments qui constituent n'importe quelle langue humaine. D'ailleurs, si tu avais été élevé par des Chinois, tu aurais appris le chinois… comme s'il existait un système commun à toutes les langues par-delà leurs immenses différences.

PENDANT TES PREMIERS MOIS, donc, tu as appris à écouter. Vers quatre mois, tu étais déjà capable de distinguer deux syllabes différentes, comme « ba » et « pa » : des expériences scientifiques ont ainsi prouvé que les petits bébés étaient vraiment des génies de la langue ! Vers sept mois tu as commencé à babiller. Tu as prononcé des syllabes comme « ba », « ga »… Puis sont venus les mots isolés, sans doute vers tes dix mois. Vers dix-huit mois, tu construisais tes premières phrases en style télégraphique : « Bébé veut gâteau ». Dès lors, tu as appris plusieurs mots par jour. Vers deux ans et demi, tu parlais presque comme un grand. Tu étais même si bon élève que tes erreurs venaient souvent d'une application trop stricte de la règle. Par exemple si tu entendais un adulte dire « un avion », comme tu connaissais le mot « un » tu en concluais que le suivant était « navion » et donc tu disais « le navion ».

Et les bébés sourds, comment font-ils ? Ceux qui sont élevés par des parents sourds pratiquant la langue des signes apprennent à parler… avec les mains, exactement comme les adultes qui les entourent. Le bébé sourd commence vers sept mois à « babiller avec les mains » : comme il voit ses parents communiquer avec lui par gestes, il les imite, avec des mouvements qui évoquent vraiment le langage des signes.

Certaines personnes sourdes de naissance ne peuvent pas apprendre la langue orale, parce qu'elles ne peuvent pas l'entendre. L'abbé de l'Épée a donc inventé au XVIIIe siècle une véritable langue qui se pratique avec les mains : à l'aide de signes codifiés, d'expressions du visage et du corps, elles peuvent exprimer tout ce qu'elles désirent, sur le passé ou l'avenir, leurs émotions ou le temps qu'il fait, sans ouvrir la bouche.

Les animaux parlent-ils ?

Les animaux savent transmettre des messages vitaux. Mais peuvent-ils « dire » autre chose ?

Les animaux d'une même race se transmettent des messages vitaux : « Attention, un léopard ! » ou bien « Sors de mon territoire, ou je t'expulse à coups de dents ! ». Parfois ils se disent des choses plus sympathiques, comme « À table, regarde le beau poisson, mon bébé dauphin ! » ou « Veux-tu faire des petits avec moi, madame la paonne ? Tu ne le regretteras pas, regarde, je suis bien plus beau que tous les autres paons ! ».

Selon les espèces, ils expriment leurs messages en dansant, en se caressant, en poussant des cris, ou même simplement par la couleur de leurs plumes, pour certains oiseaux. Regardons de plus près comment ce petit monde s'y prend…

Pendant que la famille chien de prairie cherche sa nourriture hors du terrier, une sentinelle monte la garde. Elle aboie ? C'est qu'il y a danger : vite, tout le monde court se cacher. Pour communiquer, certaines espèces d'insectes procèdent tout autrement : elles émettent des substances chimiques odorantes, les phéromones. Ainsi, pour parler à une de ses semblables, une fourmi lui touche les antennes et lui « parle » en odeurs ; la reine d'une ruche d'abeilles émet, elle aussi, des phéromones pour signifier aux autres abeilles qu'il est interdit de construire d'autres alvéoles de reine que le sien.
Finalement, quel que soit le moyen de communication adopté – la vue, l'ouïe, le toucher, les odeurs –, les langages animaux ont un but principal : assurer la sécurité des individus et, par là, la survie de l'espèce.

Les animaux peuvent-ils se « dire » autre chose ? Peuvent-ils partager des émotions, échanger des souvenirs, évoquer le passé ou l'avenir, apprendre de nouvelles techniques ? Leur communication semble très limitée. C'est un peu comme si tu n'ouvrais la bouche que pour dire « Donne-moi du chocolat », « Sors de ma chambre, je ne t'ai pas invité » ou « Maman, où es-tu ? ». Mais, même lorsque tu dis « Maman où es-tu ? », tu n'attends pas seulement que ta mère vienne te voir, tu veux surtout qu'elle te réponde. Chez les animaux, ce n'est pas toujours le cas, même chez ceux qui sont les plus proches de nous génétiquement.

Un bébé babouin ne voit plus sa mère. Il l'appelle à grands aboiements affolés. Dès qu'elle entend son petit, la maman babouin se précipite vers lui. Mais elle ne répond pas à ses cris ! Le bébé ne sera donc rassuré que lorsqu'il la verra enfin arriver près de lui. Pourquoi n'a-t-elle rien dit ? Il ne semble pas, selon les scientifiques, que ce soit par indifférence ou par peur des prédateurs. Simplement, elle n'imagine pas ce qui se passe dans la tête de son petit, et ne comprend pas que ses cris rassureraient son bébé perdu.

Les animaux peuvent-ils communiquer avec des hommes ?

Quelles relations peuvent-ils établir ensemble ?

Il n'est pas simple de « parler odeurs » avec une fourmi ou une abeille… Certains chercheurs ont tenté d'entamer le dialogue avec des singes. Les singes ne peuvent pas produire des sons articulés, parce que leur appareil phonatoire ne le leur permet pas. Mais peut-être peuvent-ils communiquer avec nous par l'intermédiaire de dessins, par exemple ? De nombreuses expériences ont été menées avec des chimpanzés. Certains, comme Washoe, une femelle élevée à l'université d'Ellenberg (États-Unis), ont appris en partie la langue des signes et sont capables de faire de petites phrases à des fins pratiques.

Des chercheurs américains de l'université de Georgie ont tenté leur chance avec une femelle bonobo nommée Panbanisha. Non seulement Panbanisha comprend les humains, mais elle leur répond de façon spontanée, en désignant des symboles sur un clavier d'ordinateur. Un chercheur remplace des bonbons par un insecte avant d'offrir la boîte à un collègue ? « Mauvaise blague », commente Panbanisha. Elle va même plus loin : elle enseigne ce nouveau langage à son fils ! Certains primates seraient donc capables de pratiquer une forme de langage relativement élaborée…

Le plus souvent toutefois, si les singes peuvent mémoriser des symboles et les assembler dans le bon ordre pour former des phrases, ils le font surtout à des fins pratiques, pour obtenir un fruit, par exemple. Et jamais ils n'iront chercher les symboles pour se communiquer une information, ou la communiquer à un homme.

Même les primates qui pratiquent une langue relativement élaborée ne le font qu'à des fins pratiques.

Langues du

monde

L'homme parle depuis la Préhistoire

Comment parlaient les hommes préhistoriques ? Et comment savons-nous qu'ils parlaient ?

Il y a un million d'années, en Afrique. Les *Homo erectus* sont nerveux. La nuit tombe. Les frôlements et les cris des bêtes se mêlent au crépitement du feu tout juste ravivé. Soudain, un des chasseurs, qui observe le ciel, n'en croit pas ses yeux : la lune se met à s'obscurcir, et bientôt sa face jaune et rassurante se teinte entièrement de rouge foncé ! Il secoue le bras de son frère, qui se trouve près de lui, et tend le bras : « Lune pas contente, Lune partir ! » Les autres aussi ont entendu, et tous lèvent la tête. Ils restent sans voix devant l'étrange éclipse...

Il y a cent mille ans, toujours en Afrique. Un *Homo sapiens* est penché sur son travail : il taille une arme à petits coups précis, grâce à un outil biface préparé dans ce but. Soudain il se met à hurler : « Un lion des cavernes se dirige vers la grotte, préparez vos armes ! » L'homme saute sur ses pieds et se met à courir. Les femmes et les enfants sont déjà à l'abri au fond de la cavité, et les chasseurs en position pour en défendre l'entrée. « Attaquez la bête ! » ordonne le chef. Le lion affamé s'élance, mais la salve de javelots coupe net son élan. Ce soir, il sera dépecé, sa peau servira de trophée et sa chair de nourriture.

Pendant la Préhistoire, se sont succédé plusieurs types d'hominidés. Tous savaient marcher sur leurs deux jambes, ce qui les différenciait de leurs lointains cousins les singes, mais tous ne savaient sans doute pas parler comme nous le faisons. Comment le sait-on ? À vrai dire, les scientifiques ne sont sûrs de rien. En effet, le langage ne laisse d'empreinte matérielle que lorsqu'il est écrit, et l'écriture est une invention beaucoup plus tardive !

Pour parler, il faut une langue bien pendue et surtout un cerveau avec des aires spécialisées dans cette fonction, comme l'aire de Broca.
Homo sapiens parlait sans doute une langue aussi élaborée que les langues modernes, même si nous ne savons pas laquelle. En revanche, les *Homo erectus*, bien plus anciens, n'étaient sans doute pas capables de s'exprimer aussi bien. Il est pourtant très possible qu'ils se soient signalé les faits étonnants (ce qu'aucun animal ne fait, pas même les singes) en utilisant des gestes associés à des mots isolés.

Quand les scientifiques examinent les crânes retrouvés, ils constatent que ceux des Homo sapiens *contiennent beaucoup de traces de ramification de vaisseaux sanguins, ce qui prouve que leur cerveau était bien développé et qu'ils pouvaient parler.*

La parole bien avant l'écriture

Bien avant de savoir écrire, les hommes ont su échanger. Pourtant, l'invention de l'écriture va tout bouleverser. À tel point qu'elle marque la fin de la Préhistoire, et le début de l'Histoire.

Les hommes ont parlé pendant des dizaines de milliers d'années, peut-être même cent mille ans, avant de songer à écrire. Cela ne les a pas empêchés d'inventer l'agriculture, de fabriquer des armes de plus en plus efficaces, de peindre, de sculpter et de créer des bijoux, d'enterrer leurs morts selon des rituels précis… Ce n'étaient pas du tout des « sauvages » ! Et puis, vers 3200 avant J.-C., en Mésopotamie (à l'emplacement de l'actuel Irak) les Sumériens ont imaginé un système pour rendre le commerce plus facile.

Voici le genre de problème que certains marchands pouvaient se poser : comment envoyer vingt moutons à des kilomètres de là en étant sûr de la transaction ? Ils ont alors eu l'idée d'envoyer avec leurs marchandises une boule d'argile dans laquelle étaient placés des jetons : un jeton par mouton, donc vingt jetons dans notre histoire. Puis, pour aller plus vite, ils ont tracé sur la boule elle-même des symboles qui résumaient l'information (une croix dans un cercle pour désigner un mouton, et le nombre de bêtes), et ils ont supprimé les jetons. C'était le début de l'écriture : un code compris de l'envoyeur et du destinataire, qui fonctionne par symboles sans lien direct avec la réalité.

L'INVENTION DE L'ÉCRITURE a tout bouleversé. À tel point qu'elle marque la fin de la Préhistoire et le début de l'Histoire. Désormais, les hommes pouvaient fixer par écrit leur savoir dans de nombreux domaines. D'abord, ce qui touchait les dieux : qui ils étaient, comment il fallait les honorer, les prier, etc. Et aussi tout ce qui touchait au pouvoir : le nom des rois et de leurs dynasties, les dates de leurs règnes, qui ne se perdaient plus dans la légende… Enfin, les informations administratives et économiques : combien de blé dans les greniers des cités, l'impôt dû par les paysans…

UNE FOIS L'ÉCRITURE INVENTÉE dans une civilisation donnée, elle a rarement été perdue, même si ça a été le cas en Grèce archaïque. Mais, dans de nombreuses parties du monde, des cultures ont continué à fonctionner sans elle. Les Incas, par exemple, ont construit un immense empire dans la cordillère des Andes, en Amérique du Sud, entre 1200 après J.-C. environ et l'arrivée des Espagnols au XVIe siècle. Pour imposer leur autorité aux peuples andins qu'ils soumettaient, les Incas les forçaient à utiliser leur langue, le quetchua, et à abandonner les parlers locaux. Et, pour transmettre ses ordres sur les milliers de kilomètres que comptait son territoire tout en longueur, l'empereur avait fait construire des ponts suspendus et paver des routes : des coureurs s'y relayaient pour transmettre ses paroles, qui pouvaient ainsi franchir 300 kilomètres en deux jours : une performance, quand on n'est ni à cheval ni en voiture…

Les langues du monde

> **Quelque cinq mille langues parlées dans le monde, que les linguistes ont regroupées par grandes familles. Ouf !**

HINDI, SWAHILI, QUETCHUA, berbère, arabe, turc, anglais, chinois, birman, peul, africaaner… pendant que tu lis ces lignes, des humains discourent dans chacune de ces langues quelque part dans le monde. Ces langues-là et aussi beaucoup d'autres : il en existe environ cinq mille en tout !

CERTAINES SONT LA LANGUE MATERNELLE de millions de personnes : le chinois mandarin vient en premier (en Chine surtout), suivi de l'espagnol (Espagne et Amérique du Sud) et de l'anglais (États-Unis, Angleterre, Australie…). Viennent ensuite le bengali (Inde et Bangladesh), l'hindi (Inde), le portugais (Portugal et Brésil)… Le français se situe en treizième position. Et as-tu entendu parler de l'azerbaïdjanais, une langue turque pratiquée en Azerbaïdjan par environ sept millions de personnes ? Non ? Pourtant elle est la centième langue la plus parlée dans le monde !

HEUREUSEMENT, LES LANGUES sont apparentées les unes aux autres, et les linguistes ont réussi à les regrouper en grandes familles, chacune descendant d'une langue commune qui a été parlée dans un lointain passé. Par exemple, il y a deux mille ans, la plupart des gens qui vivaient autour de la Méditerranée parlaient latin, parce qu'ils faisaient partie de l'Empire romain. Puis, au Ve siècle, cet empire s'est écroulé sous l'assaut des Germains, et sa langue a évolué, de façon différente selon les lieux. Cela a donné le français en France, l'italien en Italie, le roumain en Roumanie… toutes ces langues, dites « romanes », sont comme des cousines, à la fois proches et différentes. Et elles ont elles-mêmes d'autres cousines, plus lointaines, comme le russe et le letton, avec lesquelles elles forment la grande famille des langues indo-européennes : elles sont toutes des descendantes d'une langue unique, l'indo-européen, qui aurait été parlée il y a environ douze mille ans, et en tout cas avant l'invention de l'écriture.

Les grandes familles de langues

Il est possible de regrouper les langues en fonction de leur filiation historique. Voici quelques-uns des grands groupes ainsi obtenus. Cependant, ce genre de regroupement continue de diviser les linguistes, qui ne s'accordent pas tous sur un seul découpage.

L'indo-européen (langues romanes, slaves, germaniques, indo-iraniennes) ; le dravidien (langues du sud de l'Inde) ; le chamito-sémitique (arabe, hébreu) ; l'ouralo-altaïque (japonais, turc, coréen) ; le sino-thaï (langues chinoises et thaï-landaise)...

Ce foisonnement de langues a des airs de jungle. Comment peut-il exister tant de langues différentes et comment s'y retrouver ?

Pourquoi tant de langues ?

Aux débuts de l'humanité, que parlait-on ? Une langue unique, mère de toutes les autres ?

Selon la Bible, aux temps anciens des commencements, Noé a survécu au terrible déluge envoyé par Dieu sur la Terre. Ses descendants se multiplient. Tous parlent la même langue. Un jour, ils décident de construire Babel, et pour qu'elle soit vraiment très belle, ils choisissent d'édifier au milieu une tour si haute qu'elle montera jusqu'au ciel ! Hommes et femmes se mettent au travail. Les mois passent et la tour grandit, grandit. Dieu s'inquiète : « Est-ce que ces hommes voudraient devenir aussi puissants que moi et conquérir le ciel ? Le ciel est mon domaine, je ne peux les laisser faire ! » Il décide que les hommes parleront mille langues différentes. Les ouvriers semblent perdus, la construction de la tour s'arrête. Dieu a puni les hommes de leur folie de puissance en les privant de leur langue commune. Puis il les disperse sur toute la surface de la terre.

Est-ce vraiment à cause de Babel que les hommes parlent tant de langues différentes ? L'histoire de cette tour est un mythe.
Certains linguistes pensent que toutes les langues sont issues d'une seule et même « langue-mère » parlée en Afrique par *Homo sapiens.* Cette langue se serait subdivisée en familles distinctes au fur et à mesure qu'*Homo sapiens* peuplait les continents : l'Asie d'abord, puis l'Australie il y a 50 000 millions d'années, et enfin l'Europe.

Dieu dit :
« Allons, descendons et ici même
confondons leur langage,
en sorte qu'ils ne comprennent plus le langage les uns des autres. »

Une langue, un pays ?

Il existe environ cinq mille langues pour deux cents pays. Quel casse-tête !

En France on parle français, en Espagne, on parle espagnol, en Angleterre, anglais, au Japon, japonais… Comme tout a l'air simple ! Il est vrai que dans les pays européens, la plupart des gens sont monolingues : ils parlent la même langue chez eux et au travail, ils l'entendent à la télévision et la lisent dans les journaux… Pourtant, même sur notre continent, une seule langue officielle peut en cacher d'autres.

En Centrafrique, le centrafricain, en Suisse, le suisse… Tout cela sonne étrange. En fait, l'équivalence un pays/une langue n'est pas valable : il existe environ deux cents pays et cinq mille langues, soit une moyenne de vingt-cinq langues par pays ! Petite correction, donc : en Centrafrique on parle le sango et quarante-trois autres langues, en Suisse on parle alémanique, français, italien et romanche, en Espagne espagnol, mais aussi basque, catalan… L'histoire est compliquée, avec des fils emmêlés dans tous les sens : certaines langues sont parlées dans de nombreux pays, comme l'anglais, l'espagnol, le français, le swahili, le bambara. Parmi elles, certaines bruissent dans les salons d'organismes internationaux comme l'Unesco et l'Onu (Organisation des Nations Unies), tandis que d'autres, comme le swahili, langue de communication africaine, se contentent de décors sans dorures. Et puis il existe aussi de « petites » langues qui ne sont parlées que dans un petit bout de pays. Or, quand un pays comprend plusieurs langues, elles ne se partagent pas des territoires imperméables. Elles se superposent selon les usages et les moments de la vie.

En Inde, un conducteur de rickshaw qui baragouine en anglais parlera sans doute hindi avec ses pairs, et dans sa famille peut être le telugu, le bengali ou le tamil… En Inde coexistent des centaines et des centaines de langues : 1 652 en tout, dont 33 seulement sont parlées par plus de 100 000 personnes…

Dans un pays où l'on parle plusieurs langues, le choix de

Très souvent, quand un pays compte plusieurs langues, toutes ne sont pas enseignées à l'école. Celles qui ne le sont pas resteront limitées à la famille ou au village. C'est pourquoi l'apprentissage d'une langue à l'école est une importante décision politique. Au Kenya, il y a quelques années, le swahili était une langue prestigieuse. Maintenant, elle n'est plus enseignée qu'au primaire. Les enfants qui poursuivent leurs études le font en anglais, tandis que, dans les villages, on parle une des langues locales. Le swahili régresse donc à toute vitesse : il perd de son prestige, tandis que l'anglais, langue des anciens colonisateurs du pays, reprend la première place.

la langue enseignée à l'école est un acte politique important.

Le coin des bricoleurs

Comment se comprendre quand on ne parle pas la même langue ? On s'en fabrique une nouvelle !

Il fait chaud dans l'île Éfaté, aux Nouvelles-Hébrides. Nous sommes dans les années 1860, et cet archipel du bout du monde ne se nomme pas encore Vanuatu... Du port monte le vacarme des grandes arrivées : un paquebot vient se mettre à quai. Tous ceux qui vivent près de là sortent sur le pas de leur case. Voici donc encore des hommes venus d'Australie et d'Angleterre ! Ils viennent installer de nouvelles plantations de cocotiers, toujours plus grandes, toujours plus productives. Pour exporter la coprah, amande de coco séchée dont on tirera de l'huile. Mais comment les comprendre, ces nouveaux maîtres qui parlent une langue nommée « anglais », alors qu'on ne connaît qu'une ou plusieurs des langues mélanésiennes parlées ici depuis toujours ? Pourtant, quand on travaille pour eux, il faut bien trouver un moyen de communiquer ! Alors, au fil des jours, au fil des mois, les habitants d'Éfaté bricolent un nouveau langage : le bichemalar. La plupart des mots viennent de l'anglais : merci se dit *tankyu* (de *thank you*), discussion se traduit par *toktok* (répétition de *talk*, qui signifie « parler » en anglais)... Pourtant ce n'est pas de l'anglais : les verbes sont invariables, comme dans la grammaire mélanésienne. Les Anglais et les Australiens continuent à parler leur langue dans leur famille, les insulaires font de même. Mais lorsqu'ils se rencontrent, ils communiquent en bichemalar.

À partir de deux langues très éloignées, les habitants des Nouvelles-Hébrides, nouveaux et anciens, ont donc inventé un moyen de se comprendre. Ce genre de langue se nomme un pidgin (le mot pidgin vient sans doute de la prononciation chinoise du mot anglais *business*, qui signifie « affaires »).

Parfois, un pidgin finit par devenir une langue comme les autres : peu à peu, il est parlé dans les familles, et devient la langue maternelle des enfants : il s'est transformé en un créole. Ainsi, dans les Antilles françaises, les gens parlent un créole français : les Africains amenés là comme esclaves pratiquaient chez eux de nombreuses langues différentes. Ils ne pouvaient ni se comprendre entre eux, ni comprendre leurs maîtres. Ils ont alors bricolé une nouvelle langue en empruntant les mots du français et en gardant de nombreux éléments de syntaxe de leurs langues d'origine. Cela s'est aussi passé à la Réunion et en Nouvelle-Calédonie.

En Haïti, en Guyane,
dans les Antilles françaises
comme à la Réunion,
on parle un créole à base de français,
issu des parlers des esclaves.

Des langues en danger

Dans cent ans, la moitié des langues du monde auront sans doute disparu. En quoi sommes-nous concernés ?

DANS LA FORÊT AMAZONIENNE, en Équateur, ne vivent plus qu'une centaine d'Indiens zaparas. Le déclin de ce peuple a commencé avec l'arrivée des Européens, venus créer des plantations de caoutchouc : ils ont apporté de nouvelles maladies qui ont fait des ravages, et ont choisi leurs esclaves dans la population locale… Le dernier chaman zapara, à la fois prêtre et guérisseur, est mort il y a quelques années. Il connaissait le secret des plantes bienfaisantes et transmettait aux jeunes, en langue zaparo, le savoir ancestral. Maintenant les enfants vont à l'école, où ils apprennent l'espagnol et le quetchua, les deux principales langues du pays. Comme les échanges avec le village voisin sont devenus fréquents, les adultes eux-mêmes parlent plus souvent quetchua que zaparo. Leur langue maternelle est donc fortement menacée. Le zaparo n'est pas une langue écrite ; s'il disparaît, disparaîtra avec lui tout un savoir sur les plantes et les animaux de ce petit coin d'Amazonie, ainsi que sur le mode de vie de ce peuple de la forêt.

LE ZAPARO n'est pas la seule langue en danger dans le monde : dans cent ans, une sur deux risque d'avoir disparu, dont le frison, le breton, le romanche, le samoyède, deux cent quatre-vingts langues de Papouasie-Nouvelle Guinée, soixante-dix langues des Aborigènes d'Australie… Il ne restera donc peut-être plus que deux mille cinq cents langues sur les cinq mille actuelles… Comment est-ce possible ? Imagine un petit village, quelque part sur terre. Ses mille habitants sont les seuls à parler le yatou. Quand ils vont vendre leurs légumes sur les marchés des bourgs environnants, ils sont obligés de parler la langue de là-bas, le fautou, dont ils ont appris des rudiments. Peu à peu, le fautou leur devient de plus en plus familier, même s'ils continuent à parler yatou en famille. Ils sont attachés

au yatou, mais il ne leur permet pas de faire du commerce. Et puis il n'existe ni journaux ni livres écrits en yatou; les policiers et les postiers, qui ne sont pas nés ici, le parlent mal ou pas du tout... Alors les parents encouragent leurs enfants à apprendre le fautou à l'école, pour trouver du travail en dehors du village. Deux générations plus tard, seuls les vieux habitants du village parlent encore le yatou...

UN VILLAGE DE MILLE HABITANTS, ce n'est pas bien grand... eh bien, un quart des langues du monde sont parlées par moins de mille personnes, et la moitié par moins de dix mille (ce qui correspond à la taille d'une petite ville) !

L'APPRENTISSAGE D'UNE LANGUE par les enfants de la communauté est une condition de sa survie. À partir des années vingt, par exemple, les Russes ont ainsi placé les enfants de Sibérie dans des pensionnats, loin de leurs parents, et leur ont fait suivre une scolarité en russe. Cela a tué les langues sibériennes et les modes de vie traditionnels. C'est aussi de cette façon que les langues régionales ont été combattues en France au début du XXe siècle : l'enfant qui était surpris à utiliser le breton à l'école était sévèrement puni.

Est-ce si grave que des langues disparaissent? C'est grave pour les personnes concernées, mais c'est grave aussi pour nous tous. En effet, chaque culture exprime dans sa langue une vision du monde qui lui est propre. On ne peut jamais voir un ballon sur tous les côtés en même temps, n'est-ce pas? Eh bien, si tu imagines le monde réel comme un gros ballon, la vision qu'en a chaque culture complète la nôtre et nous donne une chance de plus d'en saisir la totalité. Et puis nous avons tous aussi un intérêt plus concret à voir se maintenir la diversité linguistique : certaines plantes ne poussent qu'à un endroit précis, et nulle part ailleurs. Parmi elles, il en est qui possèdent des vertus curatives irremplaçables. Une histoire rapportée par le linguiste Stephen Wurm le prouve : dans un petit hôpital australien, un homme souffre d'une maladie de peau que les médecins occidentaux ne parviennent pas à guérir. Un Aborigène signale alors à l'infirmière l'existence d'une plante locale qui serait sans doute efficace. L'infirmière n'en a jamais entendu parler : cette plante ne porte pas de nom en anglais. Mais elle suit ce conseil, et le malade guérit très vite...

Comment sauver une langue ?

Certains linguistes étudient des langues rares en train de mourir, d'autres cherchent à faire renaître des langues mortes.

DANS LES ANNÉES SOIXANTE, le jeune linguiste Jean-Claude Rivierre est chargé d'aller étudier les langues mélanésiennes de Nouvelle-Calédonie, à l'autre bout du monde. Il doit étudier le tiamouhi. Cette langue est tonale, c'est-à-dire qu'une partie du sens passe par la musique de ses mots, alors que des langues voisines ne le sont pas : il faut comprendre pourquoi. Avec sa femme et son fils d'un an, le petit Nicolas, il part s'installer chez un vieux chef, dans un minuscule village noyé dans la verdure, pour faire connaissance avec les Kanaks. Les jeunes ont honte de leur français approximatif et fuient le linguiste, les petits ont peur de cet étranger, et les anciens s'étonnent de sa présence. Février arrive, avec ses pluies torrentielles. Les Kanaks répondent aux questions, mais Jean-Claude ne comprend toujours pas le tiamouhi. « Rester » se dit « *mu* », « lézard » se dit « *pahit* »… Et après ? Son magnétophone va le sauver. Il demande aux anciens, les plus respectés de la communauté, de lui raconter des histoires, et les enregistre. Le soir, il réécoute ces séquences vingt fois, cent fois, les transcrit, et, petit à petit, découpe les phrases en mots. C'est alors qu'il comprend la structure du tiamouhi : chaque mot a sa musique propre, quelles que soit sa fonction et sa place dans la phrase. Il existe trois tons : un ton haut, un ton moyen et un ton bas. Mais en même temps que les mots il faut noter et retenir leur musique ! Le charabia perçu à son arrivée s'est transformé en langue audible.
Une langue sans écriture peut être sauvée de l'anéantissement définitif.

Chaque langue est un système complexe, et son étude permet de mieux comprendre la structure du langage humain.

La renaissance de l'hébreu

> Une langue
> peut aussi être sauvée
> pour de vrai !

POUR QU'UNE LANGUE soit parlée de nouveau, elle doit être enseignée aux enfants. Les linguistes peuvent y aider, en facilitant la création de dictionnaires et de grammaires qui serviront d'outils aux enseignants. Du moment qu'une langue est écrite, elle existe, ne serait-ce que dans les bibliothèques. Il suffirait alors que des gens décident de la parler de nouveau pour que cela soit… Pourquoi pas ?

C'EST CE QUI EST ARRIVÉ À L'HÉBREU, langue vieille de plusieurs millénaires, dans laquelle a été écrit l'Ancien Testament. Lorsque les Juifs se sont dispersés de par le monde, au début de notre ère, ils ont gardé l'hébreu comme langue de religion et d'étude, mais, dans leur vie quotidienne, ils ont utilisé la langue du pays où ils habitaient : grec, arabe, russe, polonais, allemand…

JUSQU'AU XIXe SIÈCLE, OÙ LE RUSSE ELIEZER BEN YEHUDA (1858-1922) décide de redonner une vraie vie à l'hébreu. Lorsque naît son fils Ithamar, Ben Yehuda le maintient isolé dans sa chambre et ne lui parle qu'en hébreu. L'épreuve dure quatre ans, pendant lesquels l'enfant reste muet. Sa santé mentale résiste pourtant, et il devient enfin le premier enfant moderne de langue maternelle hébraïque.

L'HISTOIRE NE S'ARRÊTE PAS LÀ, PUISQUE L'HÉBREU est la langue officielle de l'État d'Israël depuis sa création en 1948. Bien sûr, cette langue a évolué depuis des millénaires, mais elle possède toujours la même structure.

Les juifs, dispersés dans le monde entier,
ont consacré pendant des siècles l'hébreu à la

prière et à l'étude. Ils parlaient et parlent encore dans la langue du pays où ils vivent.

L'espéranto

Le Doktoro Esperanto invente une lingvo internacia pour soigner nos egos nationaux !

Nous sommes en 1874, à Bialystok, ville polonaise annexée par la Russie. S'y côtoient des communautés qui parlent polonais, russe, allemand ou hébreu. Ludwik Zamenhof rentre du lycée, la tête pleine de latin, de russe, de toutes ces langues dont l'apprentissage le passionne. Soudain, au carrefour de deux rues, il entend deux hommes s'insulter, chacun dans sa langue : l'un en allemand, l'autre en polonais. Zamenhof supporte mal ces altercations quasi quotidiennes. Pourquoi faut-il que les humains se haïssent ainsi ? Mais il voit bien qu'il est difficile de faire la paix quand on ne se comprend pas : on croit vite que l'autre se moque, alors qu'il parle du temps qu'il fait… Zamenhof ne se contente pas de rêver d'un monde meilleur. Ce jeune Juif du ghetto qui, selon ses propres mots, « est obligé de prier Dieu dans une langue morte depuis longtemps [l'hébreu], qui reçoit son éducation et son instruction d'un peuple qui le rejette, et qui a des compagnons de souffrance sur toute la terre, avec lesquels il ne peut se comprendre » se met au travail.

À quinze ans, il jette les bases d'une langue entièrement nouvelle. Elle ne sera la langue maternelle de personne, donc ce sera une langue neutre, sans enjeux de pouvoir. Un outil pour la paix internationale. Zamenhof la veut si logique qu'elle sera très facile à apprendre. À vingt-huit ans, jeune étudiant en médecine, Zamenhof publie une brochure sous le pseudonyme de Doktoro Esperanto : « Le docteur qui espère », par crainte de la censure russe. Il y décrit sa *Lingvo Internacia*, une « langue internationale » qui prend vite le nom d'espéranto.

Aujourd'hui, cette langue est bien vivante. Elle compte des inconditionnels dans une centaine de pays, sur tous les continents. Elle n'est pas leur langue maternelle… mais, justement, là réside l'avantage : l'espéranto s'apprend six à dix fois plus vite qu'une autre langue, et permet donc à des étrangers de nouer rapidement contact. Et, comme elle n'est pas porteuse d'une culture particulière, personne n'a l'impression d'être dominé !

À quinze ans, Zamenhof
invente une langue internationale :
l'espéranto,
un outil pour la paix.

Des règles de grammaire très simples, par exemple :
Toutes les lettres se prononcent. Fini les fautes d'orthographe !
Les noms se terminent tous par o, les adjectifs par a, les adverbes par e.
Parolo = parole, *parola* = oral, *parole* = oralement.

Quelle langue pour demain ?

L'anglais n'est pas la première langue maternelle dans le monde, loin de là, et pourtant…

À Bruxelles, une réunion informelle organisée par la Commission européenne rassemble des experts de plusieurs pays. Georg l'Allemand prend la parole.
– *Ladies and gentlemen, we are gathered today in order to examine the question of languages in Europe…*
Comment en est-on arrivé là ?

Au cours des siècles, le Royaume-Uni a bâti un immense empire colonial. Au XIXe siècle, l'Angeterre n'était pas seulement une île européenne en plein essor économique, elle possédait aussi l'Inde et l'Australie, pour ne citer que ces immenses terres aux faux airs de continents… Une fois cet empire écroulé, au XXe siècle, les pays dominés ont pris leur indépendance, mais la langue anglaise y a laissé sa marque, comme elle l'avait laissée sur les États-Unis. Et comme les États-Unis ont pris une impor-

Certains Américains ont pris peur devant leur diversité ont même organisé un référendum pour faire de l'anglais

tance économique et culturelle décisive, l'anglais a rayonné de plus belle sur le monde, sous forme de rock et de conférences entre patrons, de rap et de cinéma hollywoodien.

L'ANGLAIS VA-T-IL DEVENIR la langue universelle de communication ? Est-ce que dans trente ans tout le monde le parlera ? Cela dépend... des gens dont ce n'est pas la langue ! En effet, l'anglais n'est pas la première langue maternelle dans le monde. En 2050 il sera toujours loin derrière le chinois et l'hindi. Mais son prestige est si grand, tout le monde est tellement sûr qu'il est la langue de la modernité, de l'économie planétaire, de la science, qu'il a une longueur d'avance sur toutes les autres. L'anglais restera la grande langue de communication à l'échelle mondiale si tout le monde est persuadé qu'il doit l'être !

Quelle est la langue des États-Unis ?

Tous les Américains commencent-ils à gazouiller en anglais ? Beaucoup, oui, mais pas tous. Certains ont une autre langue maternelle, et n'apprennent l'anglais que dans un second temps. La communauté chinoise, par exemple, est fidèle à sa langue d'origine. Les Chicanos, qui n'oublient pas leurs racines mexicaines, parlent espagnol...

linguistique : deux États, la Californie et la Floride,
leur seule langue officielle, ce qui a d'ailleurs été voté.

Une machine, c'est pas humain

Aujourd'hui, des logiciels traduisent automatiquement des textes, mais créent parfois des pataquès, parce qu'ils sont incapables de prendre en compte intelligemment le contexte.

ET SI LES MACHINES pouvaient travailler à notre place? Les ordinateurs peuvent bien faire des calculs compliqués, peut-être peuvent-ils aussi traduire tout seuls des phrases, d'ailleurs…

TU AS UN CORRESPONDANT en Angleterre, Peter, et tu adores trouver ses courriers dans ta boîte aux lettres. Mais il y a un petit problème : tu commences juste à apprendre l'anglais, et Peter bredouille un français hésitant… Aussi, par facilité, chacun de vous écrit dans sa propre langue, et l'autre se débrouille pour traduire à l'arrivée. Un soir, tu as une idée : tu consultes sur Internet un service gratuit de traduction automatique, et quelques instants plus tard la traduction est faite. Elle a des côtés un peu bizarres, mais ça a l'air facile! Pourquoi ne pas suivre le même chemin pour la réponse? Tu tapes donc ta réponse en français, et la version anglaise s'affiche bientôt sur l'écran. Et dans quelques jours Peter apprendra que ta grande sœur vient d'accoucher de *binocular*, alors que ces jumelles-là se traduisent par *twins*…

LA TRADUCTION AUTOMATIQUE permet de saisir le sens général d'un texte, mais les pataquès sont fréquents : il suffit qu'un mot ait deux sens possibles, comme « jumelles » en français, pour que la machine soit perdue, faute de savoir analyser le contexte.

DANS DIX ANS, tu pourras sans doute tenter encore plus fort : t'entretenir de vive voix avec quelqu'un alors que vous n'avez aucune langue en commun. Assis devant ton ordinateur, tu parleras français dans le micro. Un logiciel de reconnaissance vocale transcrira tes mots en un texte français écrit. Ce texte sera traduit automatiquement dans la langue de ton interlocuteur, par exemple l'anglais. Un second logiciel de reconnaissance vocale le restituera en paroles anglaises, qu'il entendra sur son ordinateur. Mais cela restera un pis-aller : les subtilités de la langue seront laminées, le plaisir de la causerie éliminé…

Quel est le mot français qui permet un tel pataquès ?

Des images plein les oreilles

Chez nos voisins, il est fou, il est givré, cela se dit aussi :
au Portugal : « il a un singe dans le grenier »
en Italie : « il a des grillons dans la tête »
en Uruguay et Argentine : « il a des petites souris dans la tête »
en Angleterre : « il a des chauves-souris dans le clocher »
en swahili : « il est fondu » (comme du fromage fondu)
en Russie : « son couvercle a sauté »

Et dans les différentes régions de France, on dit :
« avoir une abeille dans le bonnet,
une araignée au plafond,
un burgaud sous la casquette,
des cacarinettes dans la tête,
un cafard dans la tirelire,
des charançons dans l'abat-jour,
des cigales plein la tête,
des fourmis dans l'encéphale,
un frelon sous le képi,
un hanneton dans le cerveau,
des moucherons en tête,
un moustique dans la boîte à sel,
des papillons dans le compteur,
les papillons de nuit,
une sauterelle dans la guitare,
un taon en tête »

Citations extraites du *Dictionnaire de la folie : les mille et un mots de la déraison*, Xavier Pommereau, © Albin Michel, 1995.

À chaque langue
des formules qui font image.
Et tant mieux si ces images sont
différentes.

Le français,

ici et ailleurs

Le latin, ancêtre du français

Comme toutes les langues, le français a une histoire.

Il y a deux mille ans, l'Empire romain n'avait peur de rien. Il était si puissant qu'il appelait la Méditerranée *Mare nostrum*, « notre mer » en latin. Il régnait sur l'Italie, la Gaule, la Grèce, l'Égypte, l'Espagne, l'Afrique du Nord… Partout les Romains avaient imposé leur armée, leur modèle de ville, et largement le latin. Mais, en 476, tout bascule : les Germains envahissent Rome. Si l'empire n'est plus, le latin n'a pas disparu de Gaule. Pendant des siècles, il reste inchangé à la messe, mais il évolue tant dans la vie courante que le peuple ne le comprend bientôt plus : lui parle des langues « vulgaires » qui se nomment langue d'oïl au nord de la Loire, et langue d'oc au sud, oc et oïl voulant dire « oui ». L'ancêtre du français reçoit ses lettres de noblesse en 842, quand les frères Charles le Chauve et Louis le Germanique se partagent l'empire de leur grand-père Charlemagne. Chacun rédige dans la langue vulgaire de l'autre son serment de loyauté : Charles en dialecte germanique, Louis en langue romane d'oïl. C'est le premier texte officiel en langue française.

À la Renaissance, en 1539, le roi François Ier fait encore plus pour la langue d'oïl, contre les autres parlers de France (breton, langue d'oc, latin) : son Édit de Villers-Cotterêts impose que toutes les décisions de justice soient rendues en français. C'est aussi le temps des livres imprimés, et non plus copiés à la main, des grammaires qui fixent le bon usage.

Au XVIIe siècle, il faut parler le français raffiné de la Cour du roi pour être un vrai gentilhomme. Molière écrit alors ses pièces, et ce n'est pas une simple image de dire que nous parlons aujourd'hui sa langue : le français de cette grande époque des dictionnaires et de l'Académie française est très proche du français moderne.

En 1882, l'école devient obligatoire, en langue française sur tout le territoire. C'est le début de la fin pour les langues régionales. Aujourd'hui, notre langue continue à évoluer. Par exemple, le â de pâte se prononce de plus en plus comme le a de patte, des mots nouveaux sont créés tandis que d'autres disparaissent…

Quelle arme plus puissante qu'un livre pour fixer une langue ?

Bienvenue aux petits adoptés

Les mots voyagent
de pays en pays,
de continent
en continent,
et chaque peuple
se les approprie.

Au fil des siècles, les Français ont emprunté des mots à d'autres langues. Certains sont très anciens et pêchés sur son propre sol, comme les termes germaniques ou gaulois; d'autres sont plus récents et viennent de très loin, comme « chocolat » : en 1519, quand le conquistador espagnol Hernán Cortés débarque au Mexique, il découvre l'empire aztèque et le « *tchocolatl* », boisson amère et épicée que bientôt l'Europe entière va adorer et adoucir de sucre et de cannelle. L'histoire des mots raconte celle de peuples qui se sont rencontrés, pacifiquement ou les armes à la main.

Dans l'histoire que voici, devine qui sont les petits adoptés, et d'où ils nous viennent…

Je bois mon *CHOCOLAT* matinal, allongé sur ma couchette, quand un vacarme venu d'en haut, à *babord*, me fait sursauter. J'entends rugir la voix de Fred : « Va-t'en, espèce de *zéro*, ou je te montre mon *judo*! » Quelqu'un menace mon *copain*? Mais nous ne sommes que deux, lui et moi, sur ce bateau… J'enfile un *anorak* par-dessus mon *pyjama* et je me précipite sur le pont. J'ai à peine le temps d'apercevoir une sorte de *monstre* en *jogging* et *mocassins* armé d'une *hache*… Il saute dans le *canot* et s'éloigne en ramant. Encore tout *écarlate*, Fred m'explique : « Ce *brigand* voulait nous voler le bateau pour faire un *hold-up* sur un *yacht*… Tu te rends compte, quel culot il a, ce *bachi-bouzouk*! Mais, avec moi, c'était aussi risqué que de se faire *hara-kiri*! »

babord, copain, hache : *langue germanique* • zéro : *arabe*
chocolat : *aztèque,* via *l'espagnol* • judo, hara-kiri : *japonais*
anorak : *esquimau* • pyjama : *hindi* • monstre, brigand : *italien*
mocassins : *algonquin (langue amérindienne)*
canot : *caraïbe,* via *l'espagnol* • écarlate : *arabo-persan*
jogging, hold-up, yacht : *anglais* • bachi-bouzouk : *turc*

La langue française a aussi essaimé dans d'autres langues, et les petits exportés se portent bien !

Un Allemand gourmand adore prendre un *dessert* à la fin du repas.
En Turquie, tu peux entrer dans une *sarküteri* (charcuterie) et te faire couper les cheveux chez le *kuvaför* (coiffeur).
Ses papiers d'identité, un Espagnol les nomme *carné*, et un Algérien *dentiti* (carte d'identité) en arabe dialectal.
Un Kabyle roule en *tomobil* (automobile)…

Il y a français... et français

Tant de mots, d'expressions, pour la même idée. Ton choix te révèle !

Il fait froid. En tout cas, toi, tu as froid. Il existe mille façons d'exprimer ce fait. Une phrase n'est pas une simple étiquette sur une réalité objective. Elle exprime ta vision de cette réalité, et donne en passant des informations sur qui tu es. Si tu dis « on se pèle » ou « on se caille », ce qui est franchement familier, tu te trouves plutôt avec des copains que dans le bureau du principal du collège.

Chaque région a ses expressions, ses mots, appelés des régionalismes. Si tu dis « il fait cru », tu es sans doute originaire du Nord, du Pas-de-Calais ou de la Savoie. « Il fait un froid de canard » pimente d'humour la dure réalité…

Les argots, eux, ont longtemps été le langage d'une catégorie sociale. Comment projeter un mauvais coup avec ses complices en étant sûr qu'un passant ou un policier ne vous surprendra pas ? On bricole des mots que les autres ne peuvent entraver (pardon, comprendre).

Aujourd'hui, certains jeunes utilisent des argots comme signe de reconnaissance. Leur but n'est pas de masquer le sens de leurs propos, mais de montrer qu'ils font partie d'un même groupe. En verlan (« l'envers » à l'envers) le mot « femme » retourné comme une chaussette donne *meuf*, policier, *flic* en argot, devient *keuf*…

Ton choix te révèle !

Je me suis fait gronder. Je me suis fait réprimander, tancer (langage écrit), engueuler (familier), disputer, attraper (vieilli), rabrouer ; je me suis fait fâcher (Cher, Indre, Nièvre, Dordogne...).

« Un mauvais mot, une expression bizarre m'en a quelquefois plus appris que dix belles phrases. »
Diderot

Quelles langues en France ?

> Le français est la langue officielle de France, mais cela n'empêche pas que d'autres y soient parlées, à défaut d'être reconnues.

Rosenda, Brésilienne d'origine, vit en France depuis trente ans. Elle a appris le français, mais elle se sent plus à l'aise en portugais, sa langue maternelle. Son fils Rodrigo est né en France, il a appris le français à l'école. À la maison, Rosenda lui parle en portugais, et il lui répond en français… Il comprend très bien cette langue mais ne la parle pratiquement pas. Les enfants de Rodrigo diront leurs premiers mots en français. Peut-être choisiront-ils d'apprendre le portugais, pour retrouver un peu leurs origines… Mais la prononciation brésilienne est particulière, et ils auront du mal à reconnaître la langue de leur grand-mère !

Le français est la langue officielle de France ; mais cela n'empêche pas que d'autres y soient parlées, à défaut d'être reconnues. Celles des immigrés, d'abord : qu'ils soient Chinois, Indiens, Tunisiens ou Croates, ils parlent leur langue d'origine lorsqu'ils se retrouvent entre eux. Et, lorsque la communauté est soudée, comme c'est le cas des Chinois, peuvent naître des quartiers aux enseignes dépaysantes…

Dans les régions, si tout le monde parle maintenant français, cela n'a pas toujours été le cas ! La Corse n'a été rattachée à l'hexagone qu'en 1769. Au début du XIXe siècle, il était courant que les instituteurs n'y écrivent que l'italien et ne parlent que le corse, sa version orale. En Bretagne de l'ouest, la moitié de la population ne parlait que le breton, ou *brezhoneg* (une langue celtique) au début du XXe siècle ; de nos jours, environ 20 % des Bretons le pratiquent. Le basque, ou euskara, est toujours employé au Pays basque français et espagnol ; quant à l'occitan, ou langue d'oc, on estime qu'il est encore parlé par deux à trois millions de personnes dans le sud de la France. Toutes les langues régionales sont en net recul, même si certaines comptent de chauds partisans.

Les Français d'outre-mer ont leur propre culture. En Guyane française, le créole côtoie des langues amérindiennes comme le teko ou le palikur, mais aussi un créole anglais. Les Kanaks de Nouvelle-Calédonie parlent des langues mélanésiennes, et, en Polynésie française, on parle tahitien, marquisien…

L'école publique doit-elle apprendre à tous une seule langue, celle de la République, ou s'ouvrir à des langues régionales comme langues d'enseignement ?

Le ministère de l'Éducation a recensé, pour l'année scolaire 2000-2001, plus de 152 500 élèves suivant l'enseignement d'une langue régionale. La langue d'oc est la plus répandue (près de 72 000 élèves), suivie par le corse (27 875 élèves), le breton (20 697) et le basque (8 969). Les langues d'Alsace représentent 7 453 élèves, celles de Moselle 5 823 (elles sont toutes deux proches de l'apprentissage de l'allemand). Ces effectifs sont en progression.

Les français d'ailleurs

Québécois, Sénégalais, Antillais...
Chacun a son accent, chacun crée des mots selon ses besoins et sa fantaisie.

Si tu vas en Belgique, en Suisse, dans la province canadienne de Québec, au Sénégal ou en Côte-d'Ivoire, aux Seychelles ou à la Martinique, tu rencontreras des gens qui parlent la même langue que toi. Mais, la plupart du temps, ils connaissent au moins une autre langue en plus : au Québec c'est l'anglais, au Sénégal le wolof, au Congo il existe trois langues nationales et quatre cents langues locales…

Pourquoi tous ces gens parlent-ils français, alors qu'ils vivent si loin les uns des autres ? Parce que la France, comme les autres pays d'Europe, a voulu coloniser le plus d'endroits possibles sur

Le français n'est pas le même partout : à chaque

la planète, à partir de la Renaissance. Cela a commencé par le Canada, et a continué par les Antilles (Haïti, Martinique, Guadeloupe) et l'Inde. Puis l'Afrique a été largement annexée au XIXe siècle, sans compter la lointaine Indochine. Maintenant, tous ces territoires sont libres. Mais la langue française est restée une partie de leur identité. C'est pourquoi, dans les années soixante, des présidents africains tels que Habib Bourguiba de Tunisie et Léopold Sédar Senghor du Sénégal ont demandé la naissance d'une institution francophone, union des pays de langue française qui aurait pour mission de promouvoir la culture commune.

MAIS LE FRANÇAIS N'EST PAS LE MÊME PARTOUT ! Chacun a son accent, chacun crée des mots selon ses besoins ou détourne le sens de mots métropolitains : en Afrique, interner ne veut pas dire « mettre en prison », mais « mettre en pension scolaire », un vêtement payé-cousu veut dire au Cameroun un vêtement prêt à porter…
Ainsi, le français se diversifie.

endroit il a son accent, ses mots, ses expressions.

Les belles étrangères

> Apprendre
> une langue étrangère,
> c'est entrer pas à pas
> dans une autre culture.

UN MEURTRE A ÉTÉ COMMIS chez les Zunis. Ce peuple amérindien vivant dans une réserve du sud-ouest des États-Unis a gardé sa religion et ses rites. Comment les faire comprendre en anglais à un policier ? Comment traduire un terme qui renvoie à une culture et seulement à elle ?

« Il existe deux sortes de masques, expliqua Pasquaanti. Les uns sont des kachinas* eux-mêmes, l'esprit kachina les habite, on leur donne à manger et à boire et on s'occupe d'eux en leur consacrant des plumes de prière** et tout ce qu'ils désirent. Ils sont…
Il marqua une pause, cherchant dans le vocabulaire anglais dont il disposait les mots dont il avait besoin.
– Sacrés, dit-il. Saints.
Il secoua la tête. Aucun de ces termes ne convenait parfaitement. »

Là où dansent les morts, Tony Hillerman, Rivages, 1986.

UN COUPLE DE CHINOIS vient d'immigrer en Australie. Ils parlent suffisamment bien anglais pour se faire comprendre. Quelque temps après leur arrivée, ils font connaissance avec des Australiens anglophones très sympathiques, et les invitent à dîner. Dès que leurs hôtes arrivent, les deux Chinois se précipitent vers eux en s'exclamant : « *zuo, zuo, zuo* » et traduisent vite par « Je vous en prie, asseyez-vous », puis, dès que le repas est servi, ils ajoutent avec empressement : « Je vous en prie, mangez, mangez ! » Les invités anglophones se sentent très mal à l'aise, ils ne comprennent pas que leurs hôtes chinois, d'habitude si polis, leurs donnent des ordres comme cela. En fait, pour les Chinois, c'est cela la politesse : insister pour que les invités se mettent à l'aise et fassent honneur au dîner. Mais les codes culturels n'étant pas les mêmes, une simple traduction des phrases habituelles dans une civilisation ne permet pas de faire passer le message…

* Esprits des ancêtres.
** Bâtons ornés de plumes qu'on plante dans le sol pour établir la communication avec les esprits.

« Le langage est
la première clé
de l'amitié »

Pierre Aroneanu, *La grande muraille des caractères*, Syros, 2000.

APPRENDRE UNE LANGUE ÉTRANGÈRE, ce n'est pas simplement mémoriser des mots et des règles de grammaire. Parfois, c'est rencontrer un système d'écriture différent du nôtre, comme c'est le cas pour le russe, le japonais, le chinois, l'arabe… Et, dans tous les cas, c'est aller à la rencontre d'une autre façon de penser, de concevoir le monde, de se comporter avec autrui. C'est réaliser que notre façon de nous exprimer n'en est qu'une parmi d'autres.
Toute ta vie tu pourras apprendre des langues nouvelles. Parfois par obligation, pour travailler dans un autre pays par exemple, parfois par envie. Et tu en sortiras changé…

Les études sur les langues sollicitent de nombreux spécialistes :

Les linguistes

Ces scientifiques étudient les langues, mortes ou vivantes, d'ici ou de là-bas. Certains se passionnent pour leur histoire, leur filiation, et tentent de comprendre comment elles ont évolué. D'autres s'attachent à décrire leur fonctionnement, et se demandent s'il existe une structure profonde qui serait commune à toutes les langues par-delà leurs différences. D'autres encore se penchent sur la façon dont les humains produisent des discours à partir du matériau d'une langue… La linguistique existe depuis longtemps, et les philosophes grecs s'interrogeaient déjà sur les mots et leur rapport avec les choses. Mais ce n'est qu'au XIXe siècle qu'elle est devenue une discipline scientifique à part entière.

Les psychanalystes

Les psychanalystes sont des praticiens de la psychanalyse, méthode de recherche sur l'inconscient et de thérapie qui a été élaborée par Sigmund Freud à la fin du XIXe siècle. Leur pratique est fondée sur la parole : le patient communique au psychanalyste tout ce qui lui vient à l'esprit, et le psychanalyste propose des interprétations de ces libres associations. Par la parole, le patient exprime son histoire et ses souffrances, et tend vers une « guérison », qui consiste en particulier à pouvoir prendre seul en charge ses difficultés. Les psychanalystes ne sont pas forcément des médecins. Mais certains médecins, les psychiatres, pratiquent la psychanalyse.

Les ethnologues

Ce sont des scientifiques qui étudient les sociétés dites « primitives », ou encore traditionnelles. Ces sociétés sans écriture, non industrialisées, se trouvent essentiellement en Afrique noire, en Amérique (Inuit, ethnies amérindiennes...) et en Océanie. Des ethnologues ont commencé à se rendre sur place pour les étudier dans la seconde moitié du XIXe siècle. Puis, peu à peu, cette notion de sociétés primitives, qui seraient inférieures à nos sociétés « avancées », a commencé à être remise en question. De nos jours, les ethnologues s'intéressent aussi à nos sociétés industrialisés. Les ethnologues étudient la culture des groupes sociaux, c'est-à-dire leur organisation politique, leur habitat, leur langue, leur religion, leur système de parenté...

Imprimé par IME – Baume-les-Dames
Dépôt légal : avril 2002
N° d'éditeur : 10091700